Edward ELGAR

CELLO CONCERTO

Op. 85

Edited by

Nancy M. Bradburd

Clinton F. Nieweg

Study Score
Partitur

PETRUCCI LIBRARY PRESS

ORCHESTRA

2 Flutes

(2nd also Piccolo)

2 Oboes

2 Clarinets (A)

2 Bassoons

4 Horns (F)

2 Trumpets (C)

3 Trombones

Tuba

Timpani

Violins I

Violins II

Violas

Cellos

Double Basses

Duration: ca.30 minutes

First performance: October 27, 1919
London, Queen's Hall
Felix Salmond (cello solo)
London Symphony Orchestra, Edward Elgar (conductor)

ISMN: 979-0-58021-142-2
© Copyright 2008 Nancy M. Bradburd.
Edited reprint of the first edition (London: Novello, 1921. Plate 14737.
Printed in the USA

CELLO CONCERTO
Op. 85

Edward Elgar
Edited by Nancy M. Bradburd

PETRUCCI LIBRARY PRESS
42578

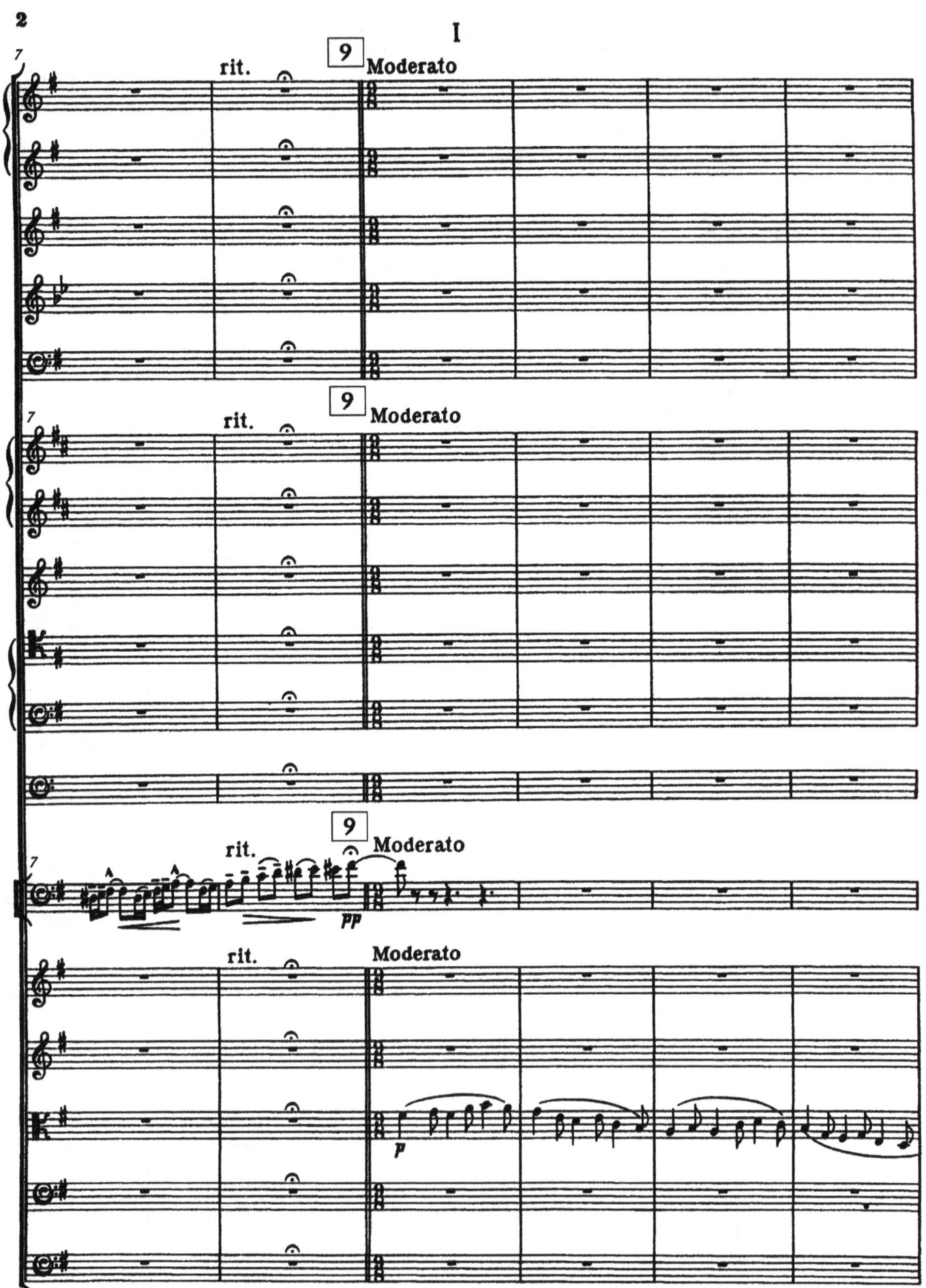

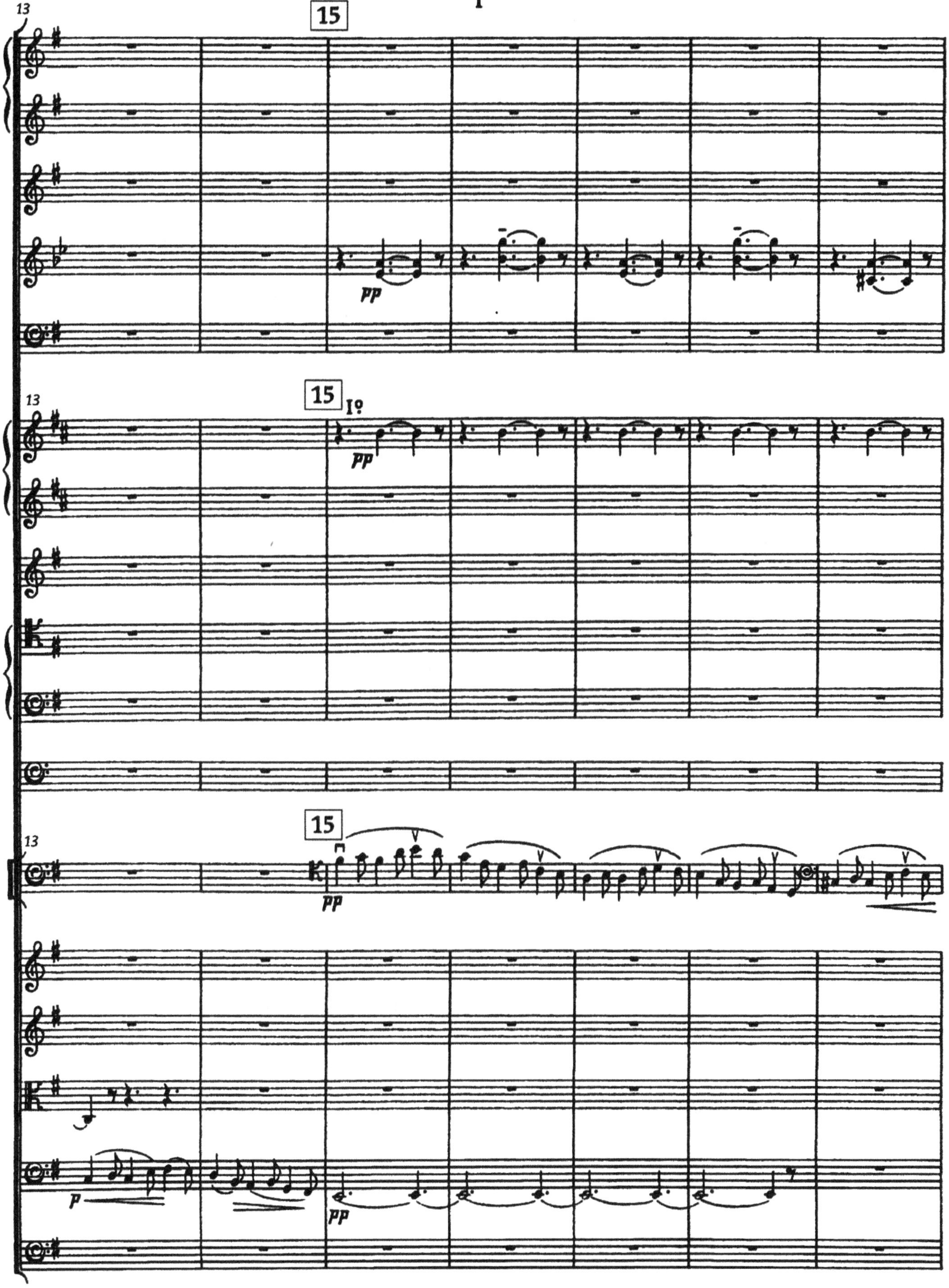
13
15
pp
13
15
Iº
pp
13
15
pp
p
pp

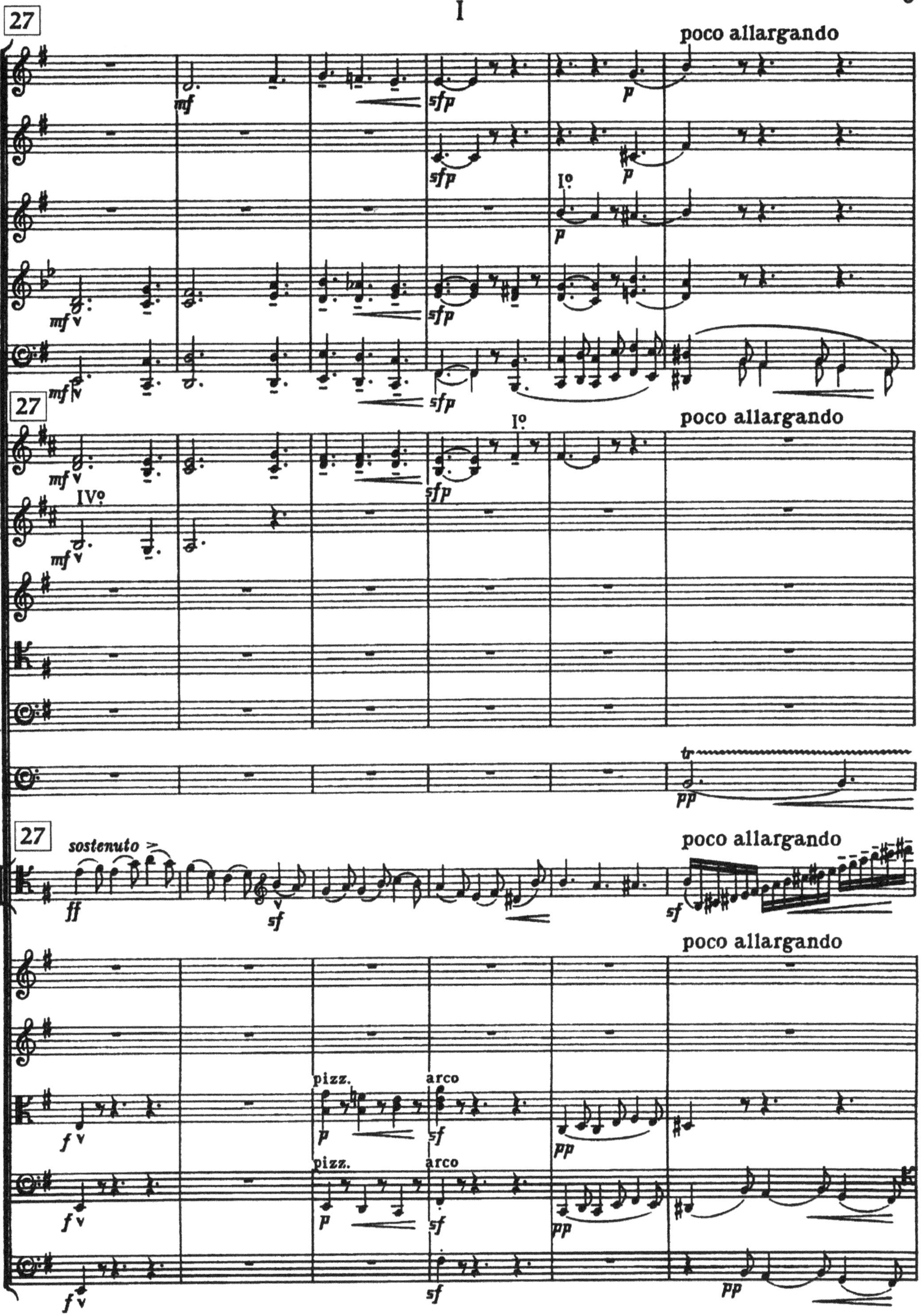
27
poco allargando
mf
sfp
p
Iº
IVº
tr
pp
sostenuto
ff
sf
pizz.
arco
f

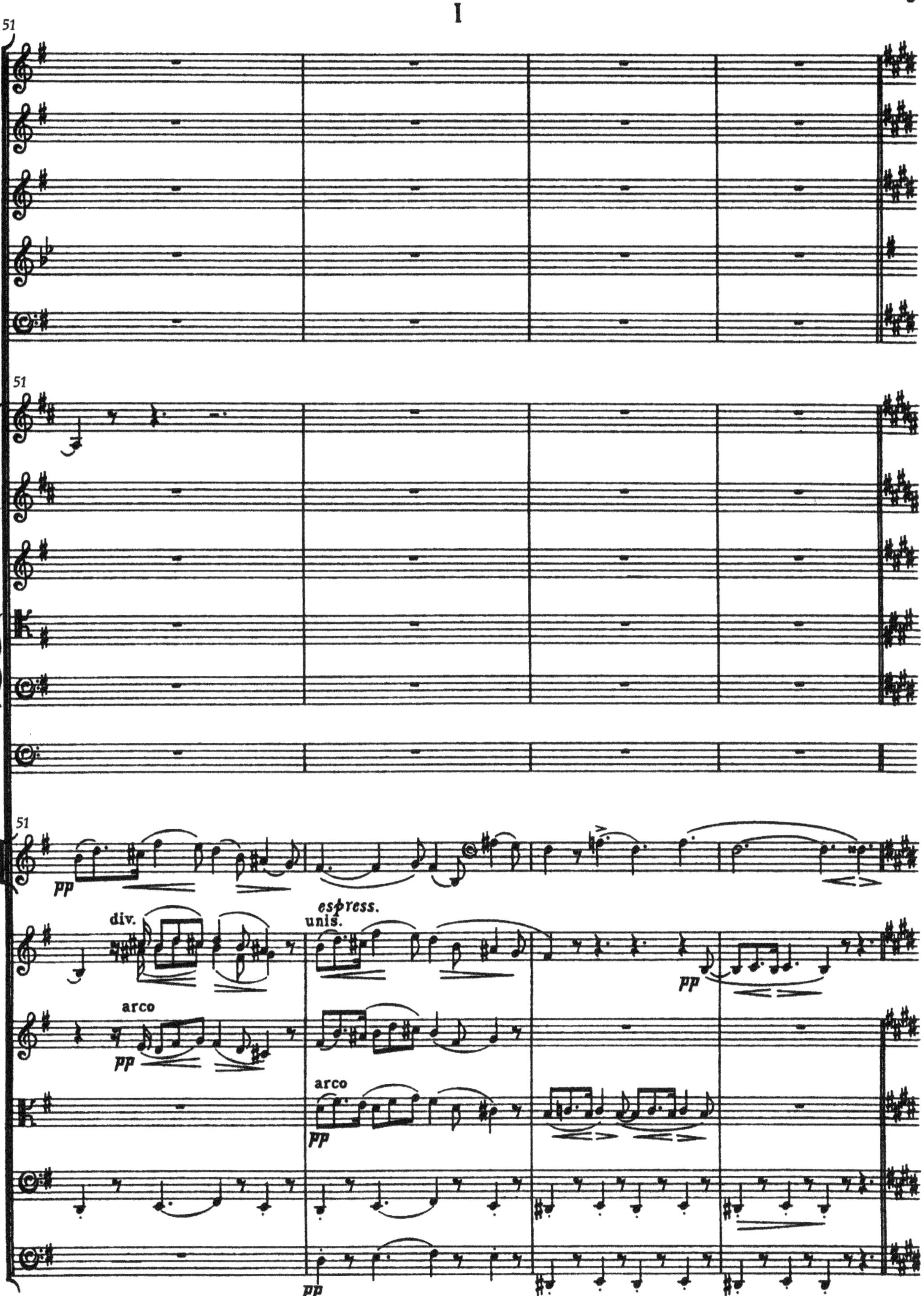

I

10

I

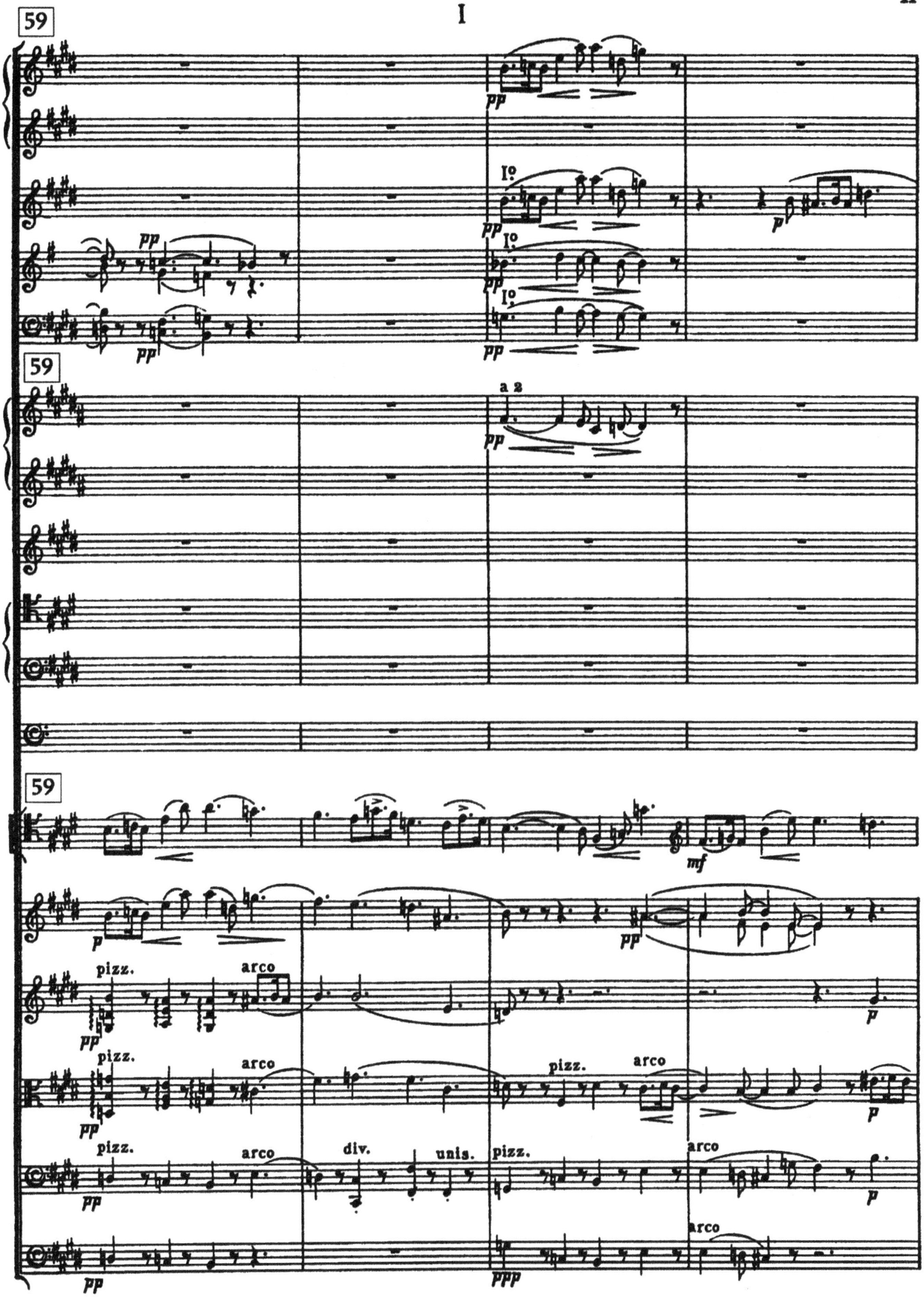
59
pp
Iº
p
Iº
pp
Iº
pp
59
a 2
pp
59
mf
p
pp
pizz.
arco
pp
p
pizz.
arco
pizz.
arco
pp
p
pizz.
arco
div.
unis.
pizz.
arco
pp
p
arco
pp
ppp

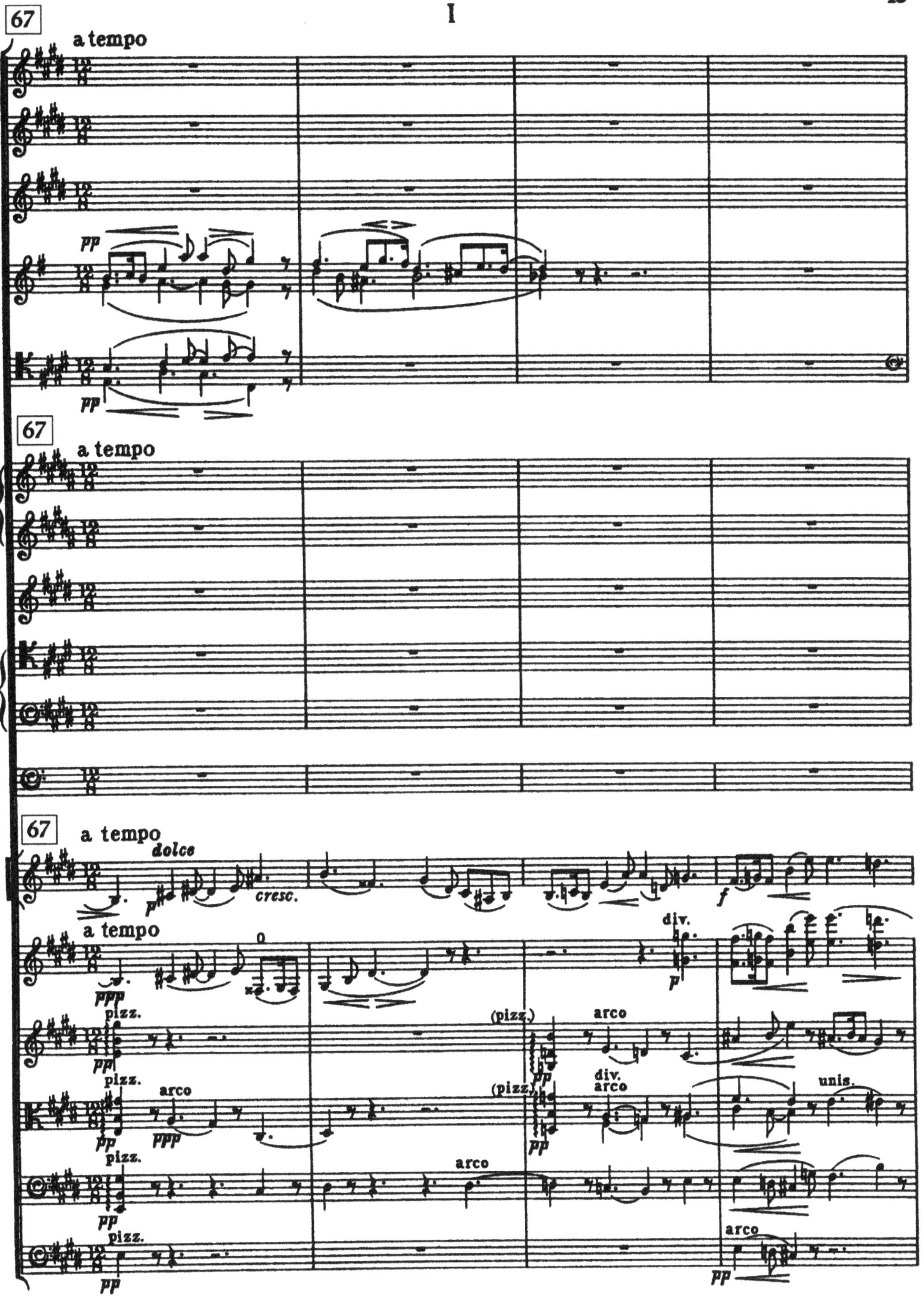
67
a tempo
pp
pp
67
a tempo
67
a tempo
dolce
p
cresc.
f
a tempo
ppp
div.
p
pizz.
pp
(pizz.)
arco
pp
pizz.
arco
pp
ppp
(pizz.)
div.
arco
unis.
pp
pizz.
arco
pp
pizz.
arco
pp
pp

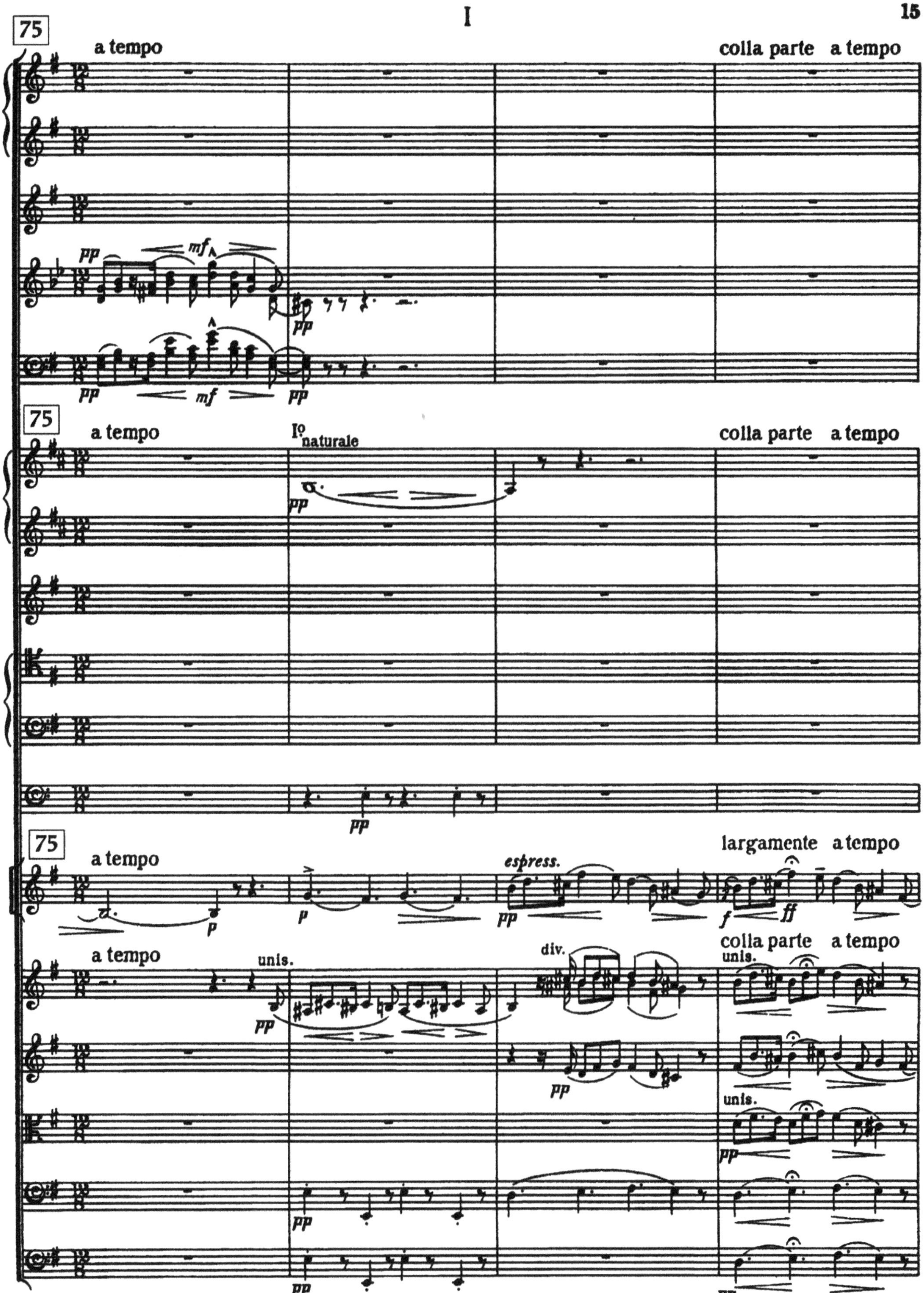
75
a tempo
colla parte a tempo
pp
mf
pp
mf
pp
pp
75
a tempo
I° naturale
colla parte a tempo
pp
pp
75
a tempo
largamente a tempo
p
p
espress.
pp
f
ff
a tempo
unis.
div.
colla parte a tempo
unis.
pp
pp
unis.
pp
pp
pp
pp
pp

II

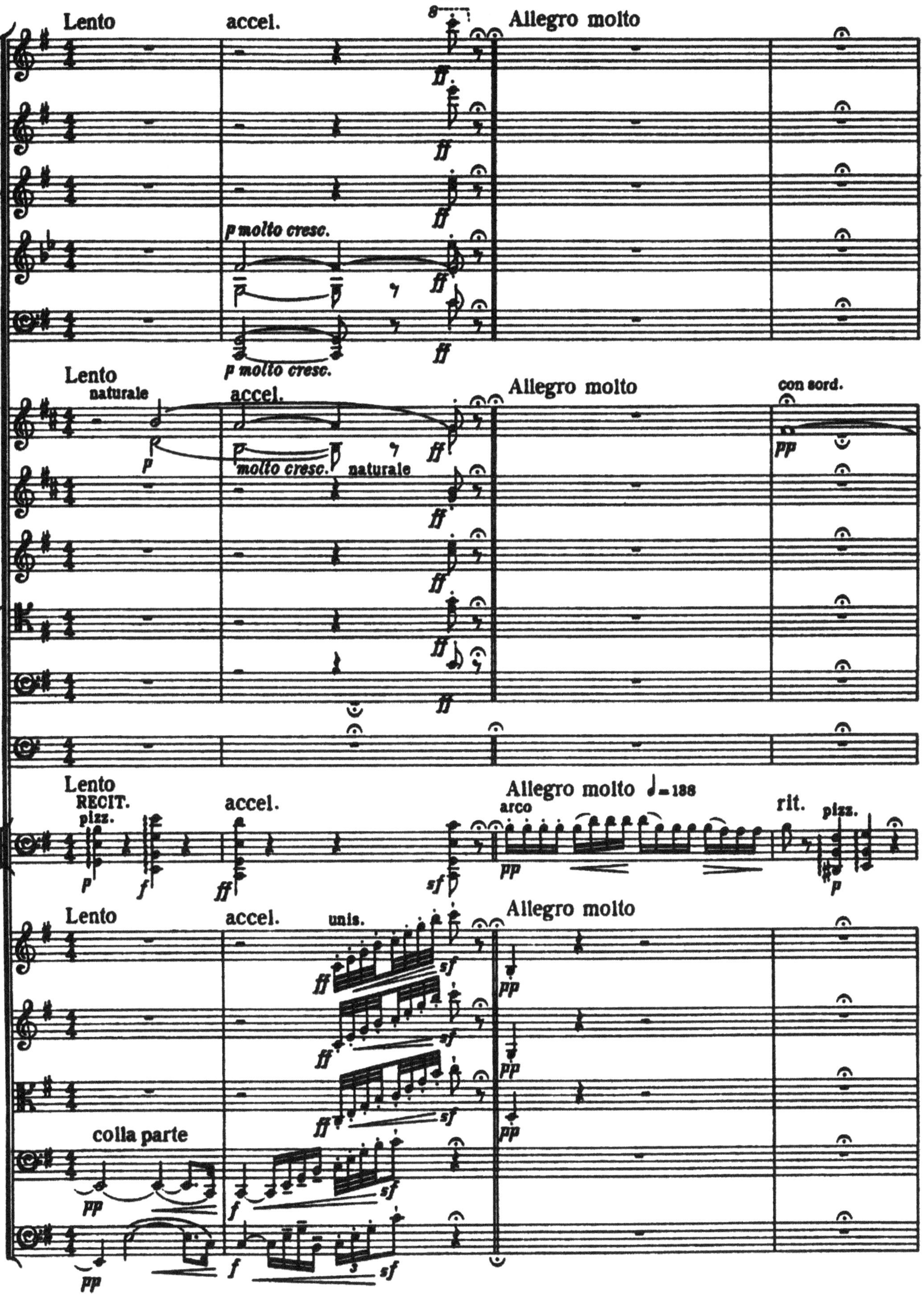
Lento
accel.
Allegro molto
p molto cresc.
p molto cresc.
naturale
molto cresc.
naturale
con sord.
RECIT.
pizz.
arco
Allegro molto ♩=188
rit.
pizz.
unis.
colla parte

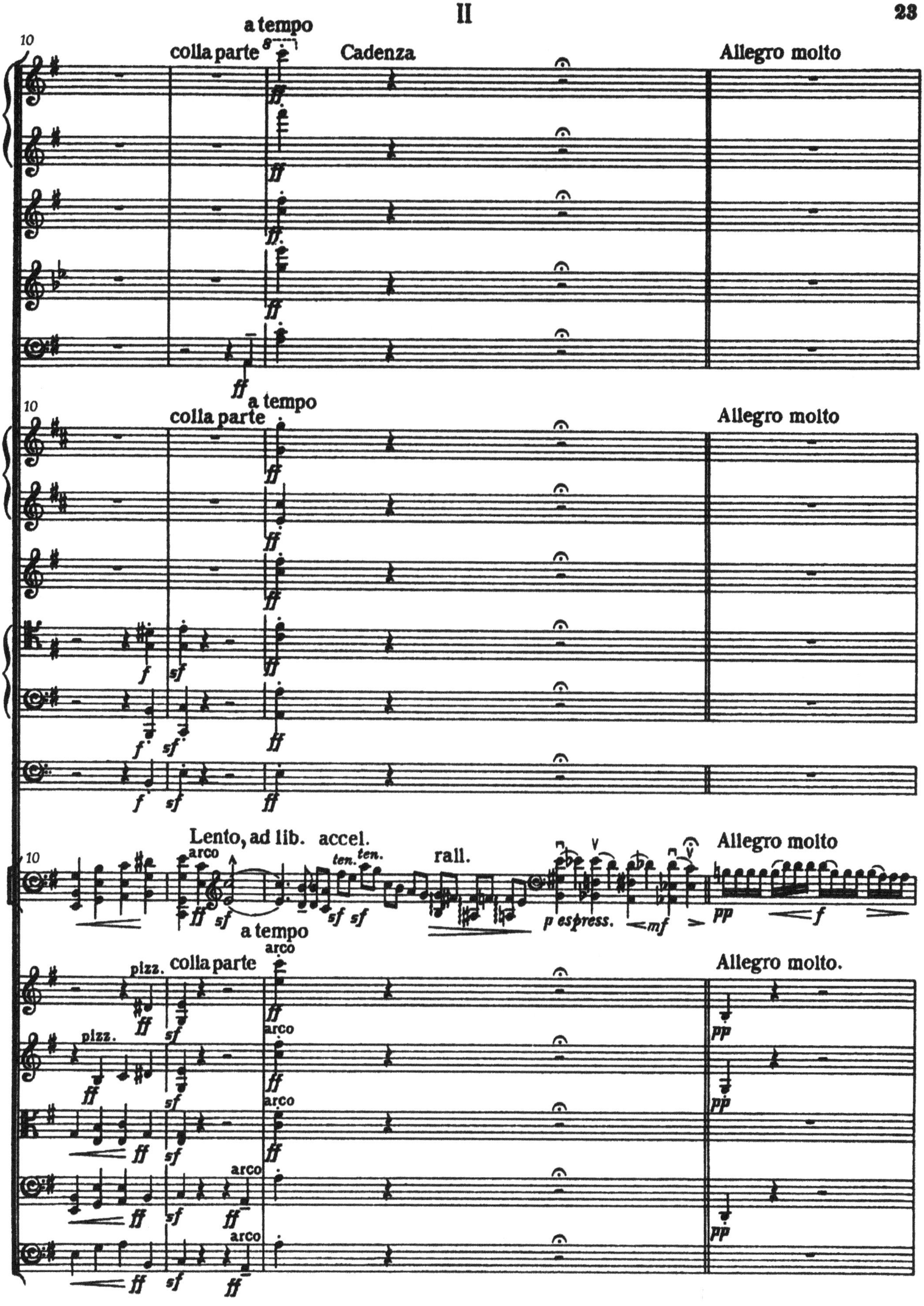
a tempo
colla parte
Cadenza
Allegro molto
ff
colla parte
a tempo
Allegro molto
f
sf
ff
Lento, ad lib.
arco
accel.
ten.
ten.
rall.
a tempo
p espress.
mf
Allegro molto
pp
f
colla parte
pizz.
arco
Allegro molto.
pizz.
sf
ff
pp

II

26 II

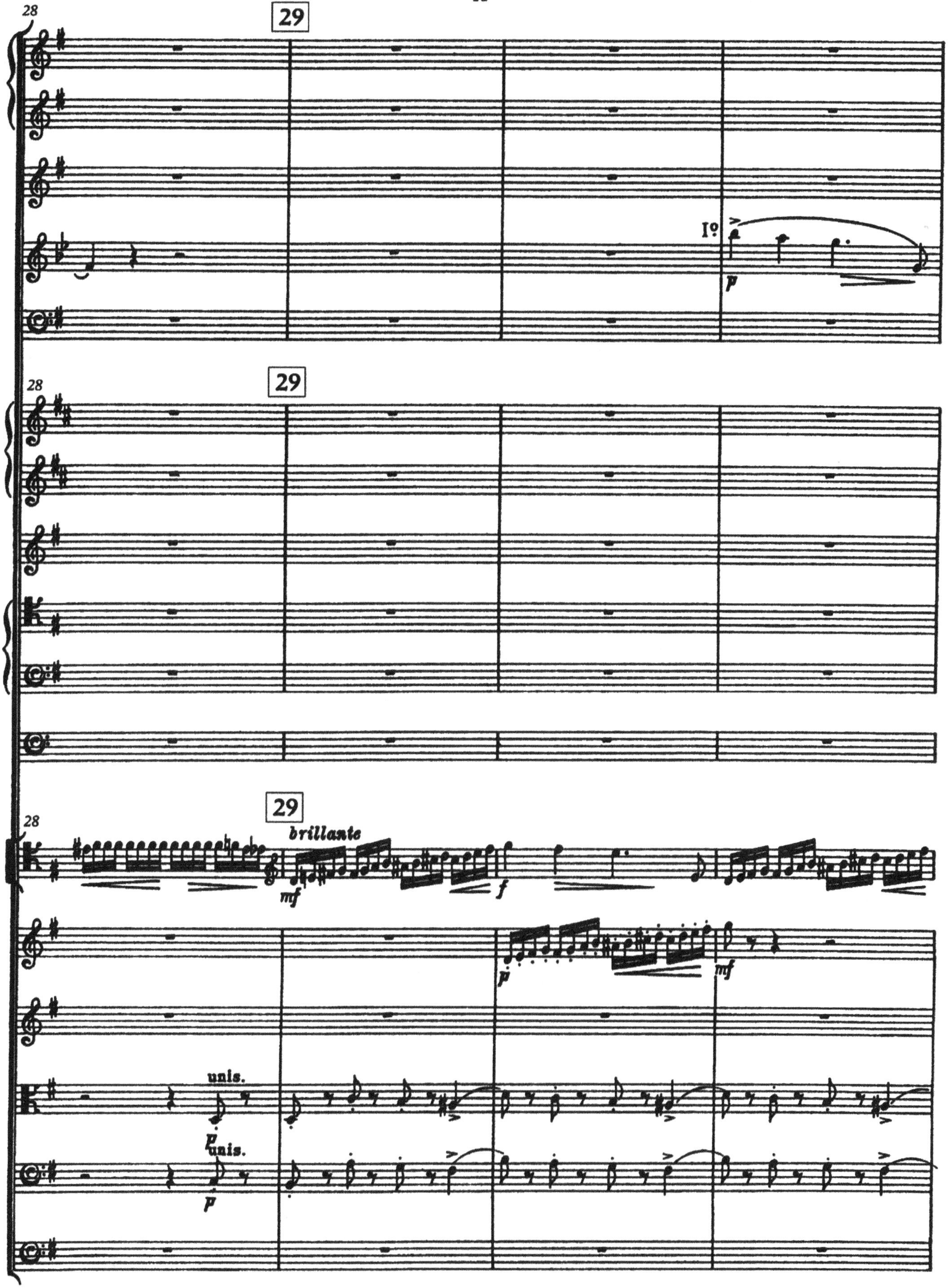
28
29
Iº
p
28
29
28
29
brillante
mf
f
p
mf
unis.
p
unis.
p

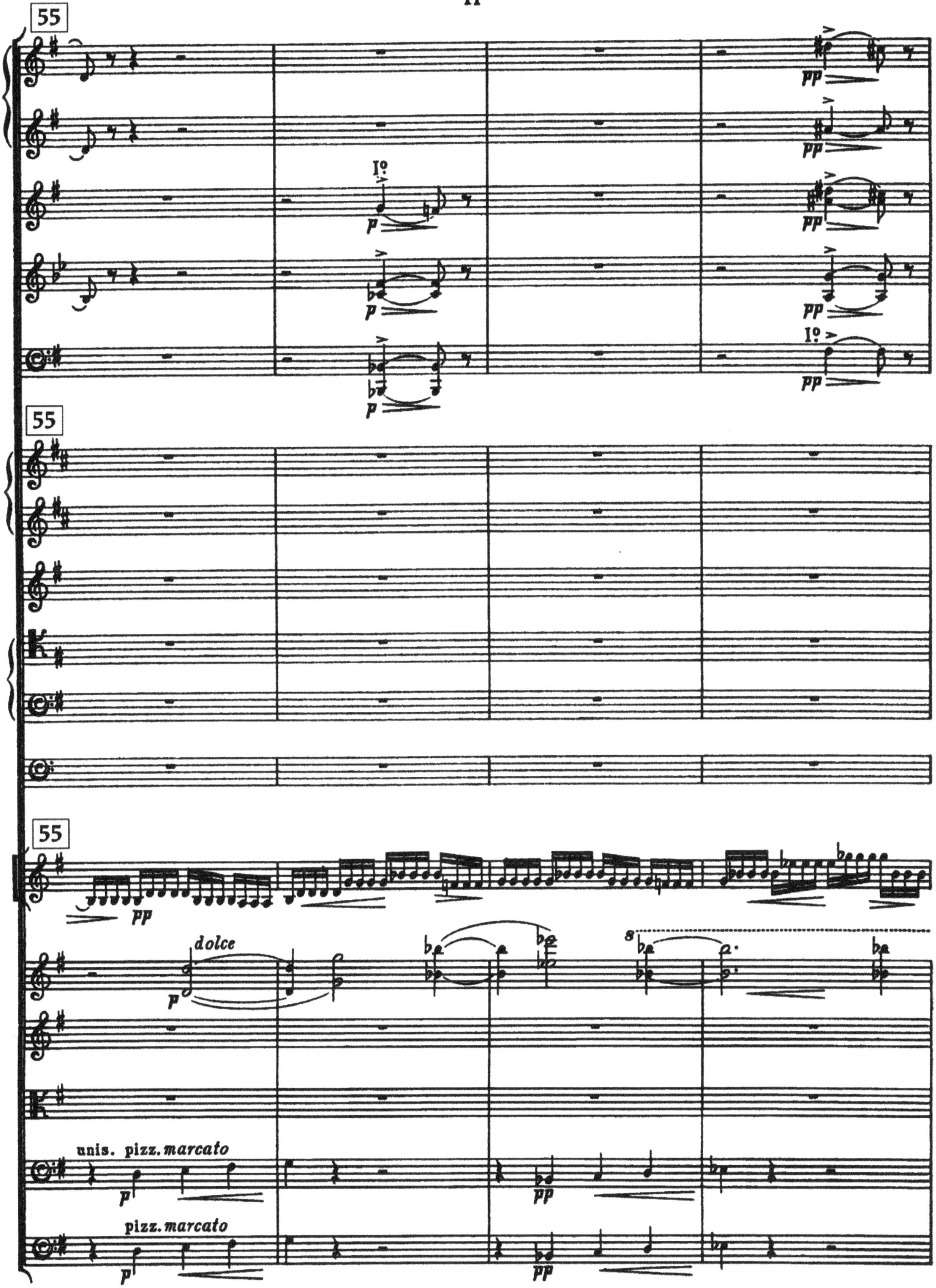
55
Iº
55
55
dolce
unis. pizz. marcato
pizz. marcato

II

II

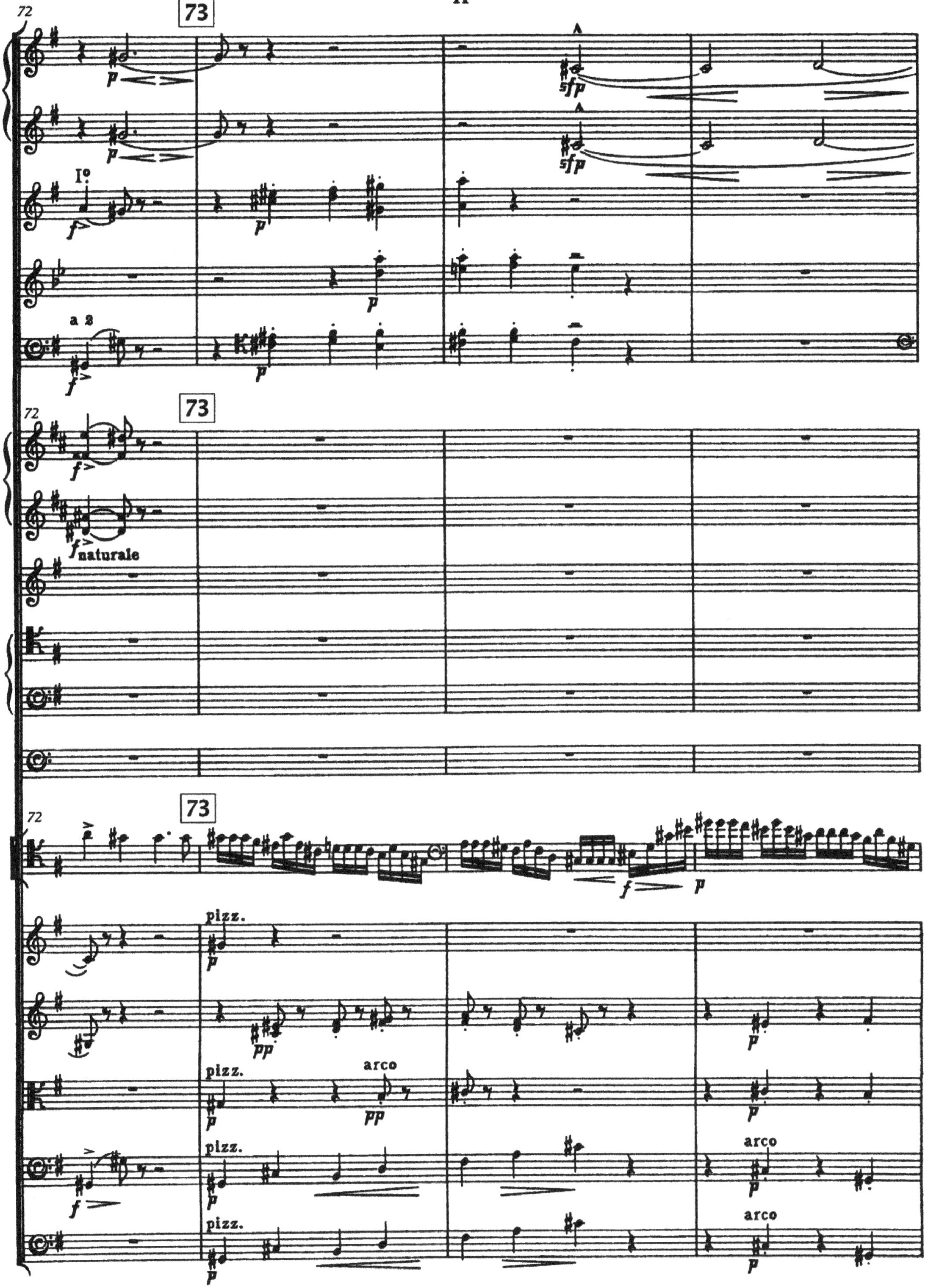
72
73
I°
a 2
naturale
pizz.
arco
pizz.
arco
pizz.
arco
pizz.

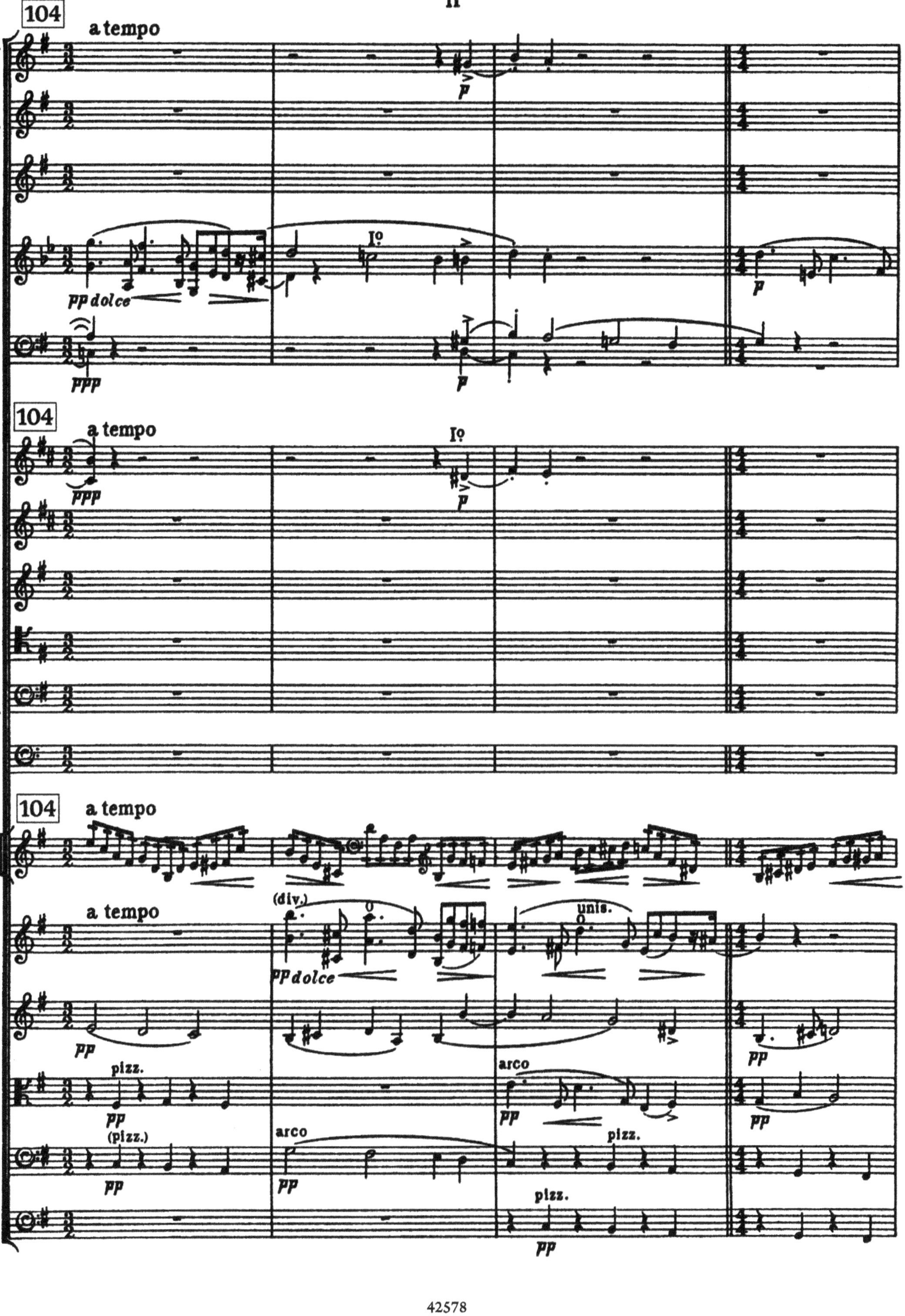
104
a tempo
pp dolce
ppp
I°
p
104
a tempo
I°
ppp
p
104
a tempo
a tempo
(div.)
unis.
pp dolce
pp
pizz.
arco
pp
(pizz.)
arco
pizz.
pizz.
pp

46

II

III

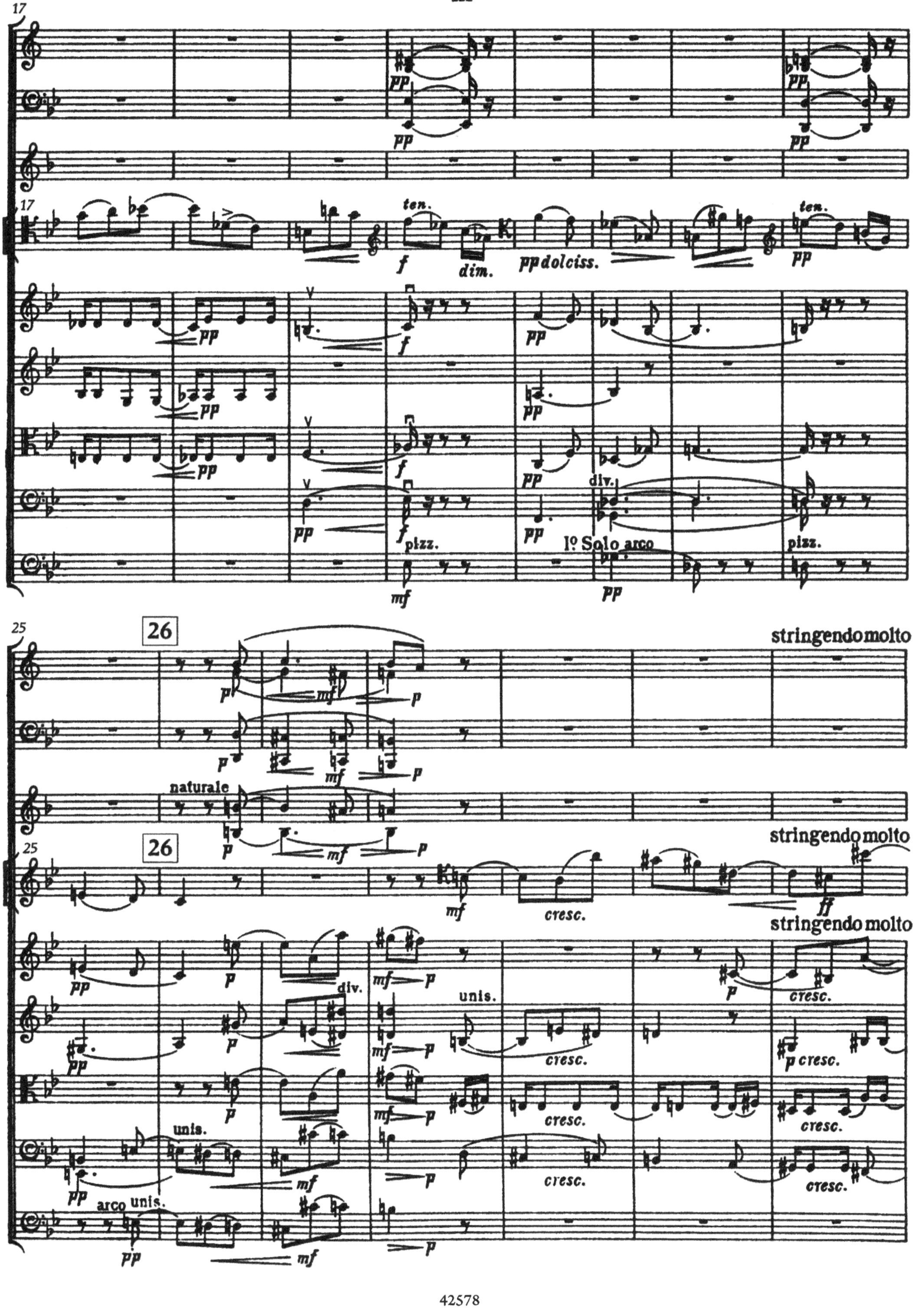
17
ten.
dim.
pp dolciss.
div.
pizz.
Iº Solo arco
25
26
naturale
stringendo molto
cresc.
unis.
arco unis.

III

III

IV

IV

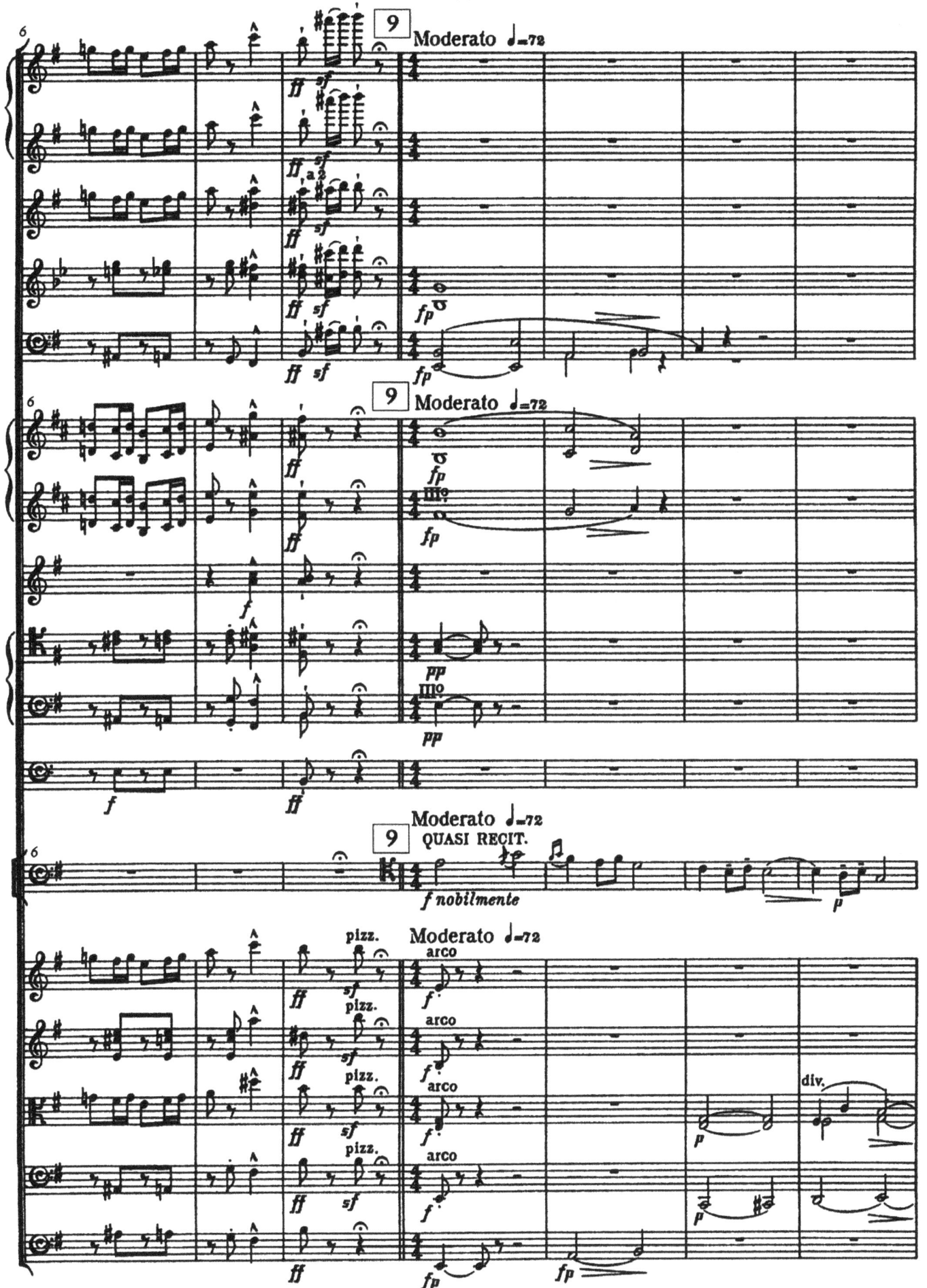

IV

IV

55

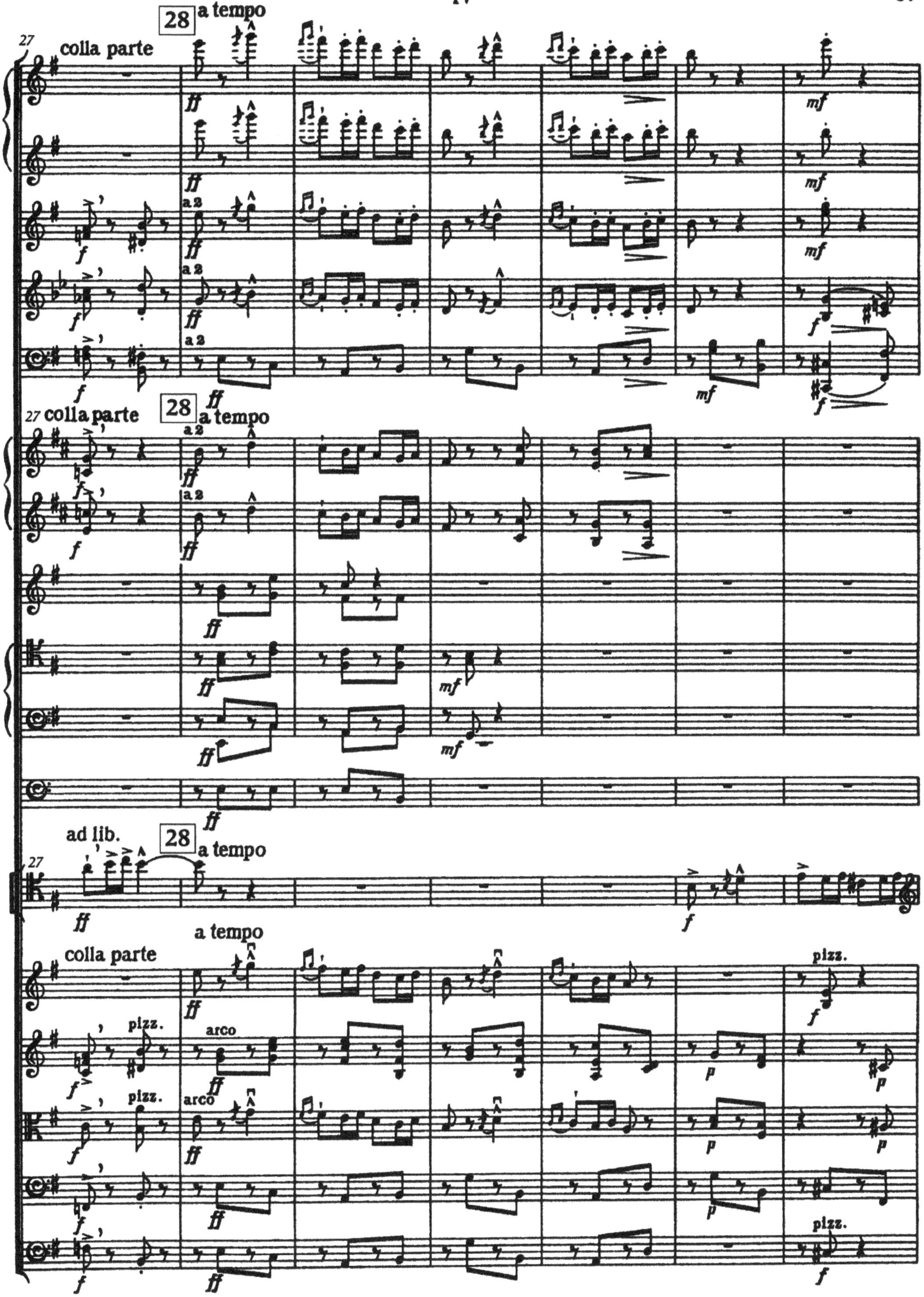
27
colla parte
28
a tempo
a 2
ad lib.
pizz.
arco
ff
f
mf
p

IV

IV

59

IV

IV

IV

IV

66
IV

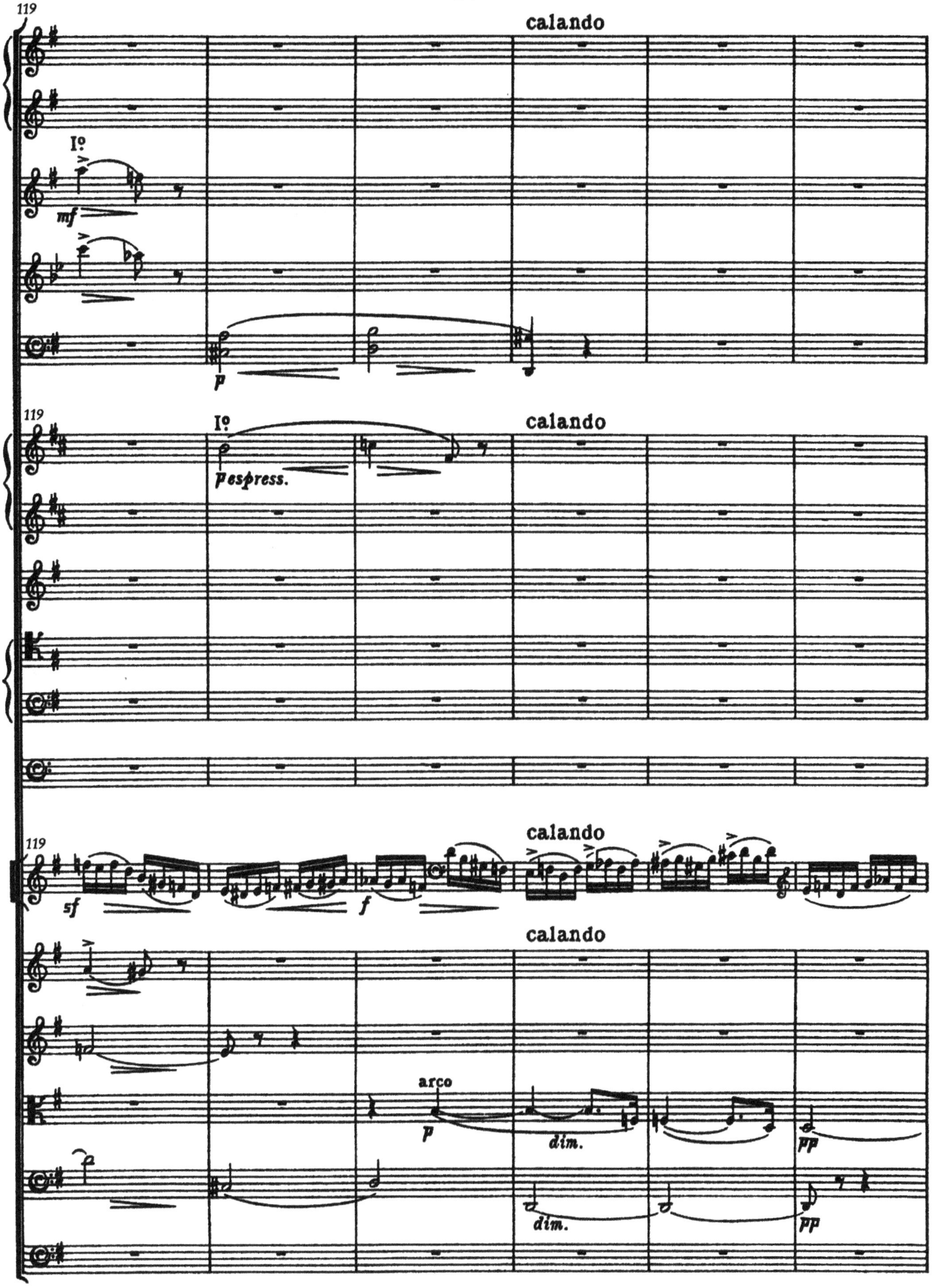
119
calando
I°
mf
p
119
I°
calando
p espress.
119
calando
sf
f
calando
arco
p
dim.
pp
dim.
pp

IV

IV

IV

IV

IV

IV

IV

IV

83

86

IV

IV

87

IV

89

IV

IV

IV

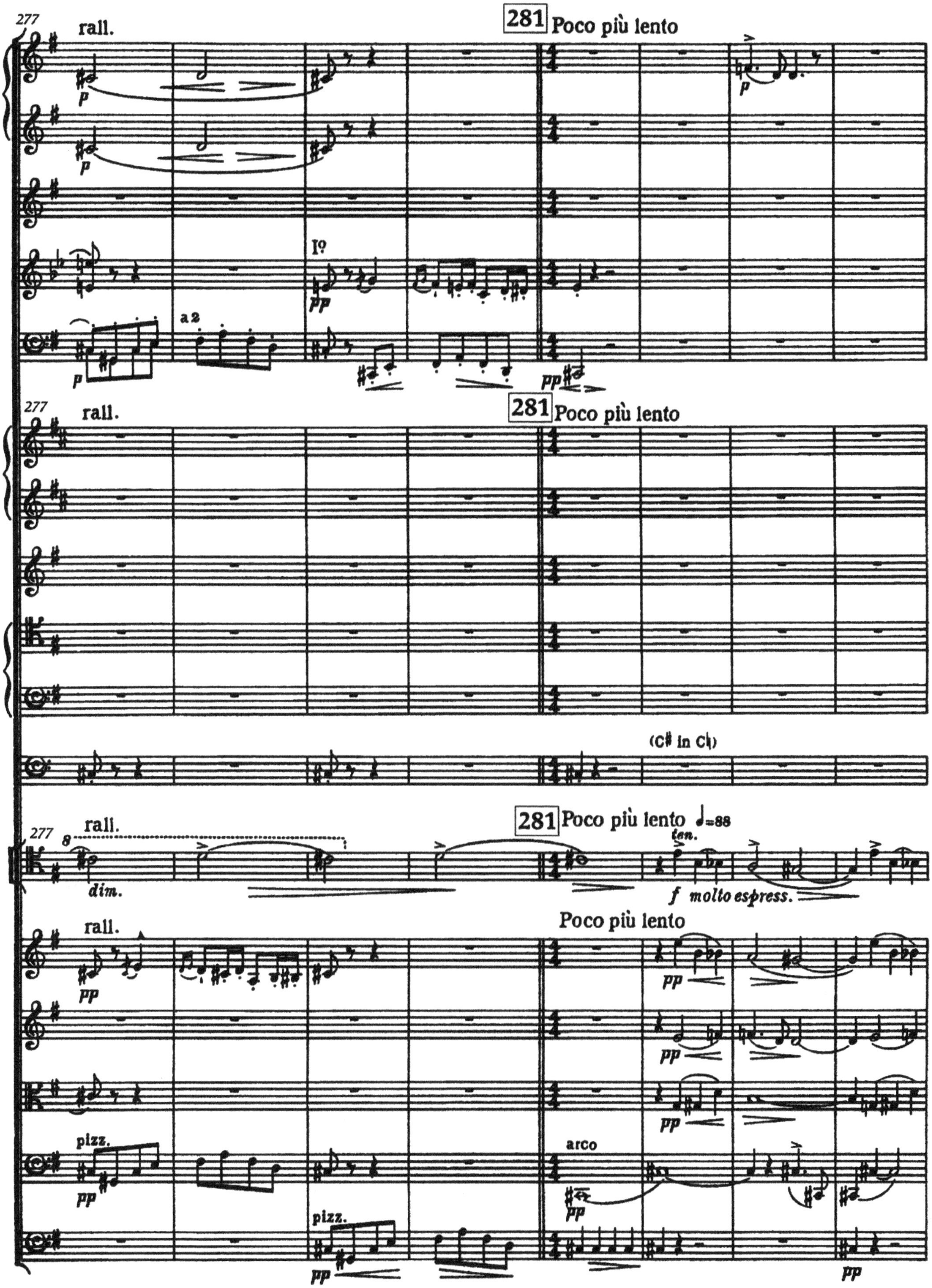
277
rall.
281
Poco più lento
a 2
Iº
(C♯ in C♮)
♩=88
ten.
dim.
f molto espress.
pizz.
arco

IV

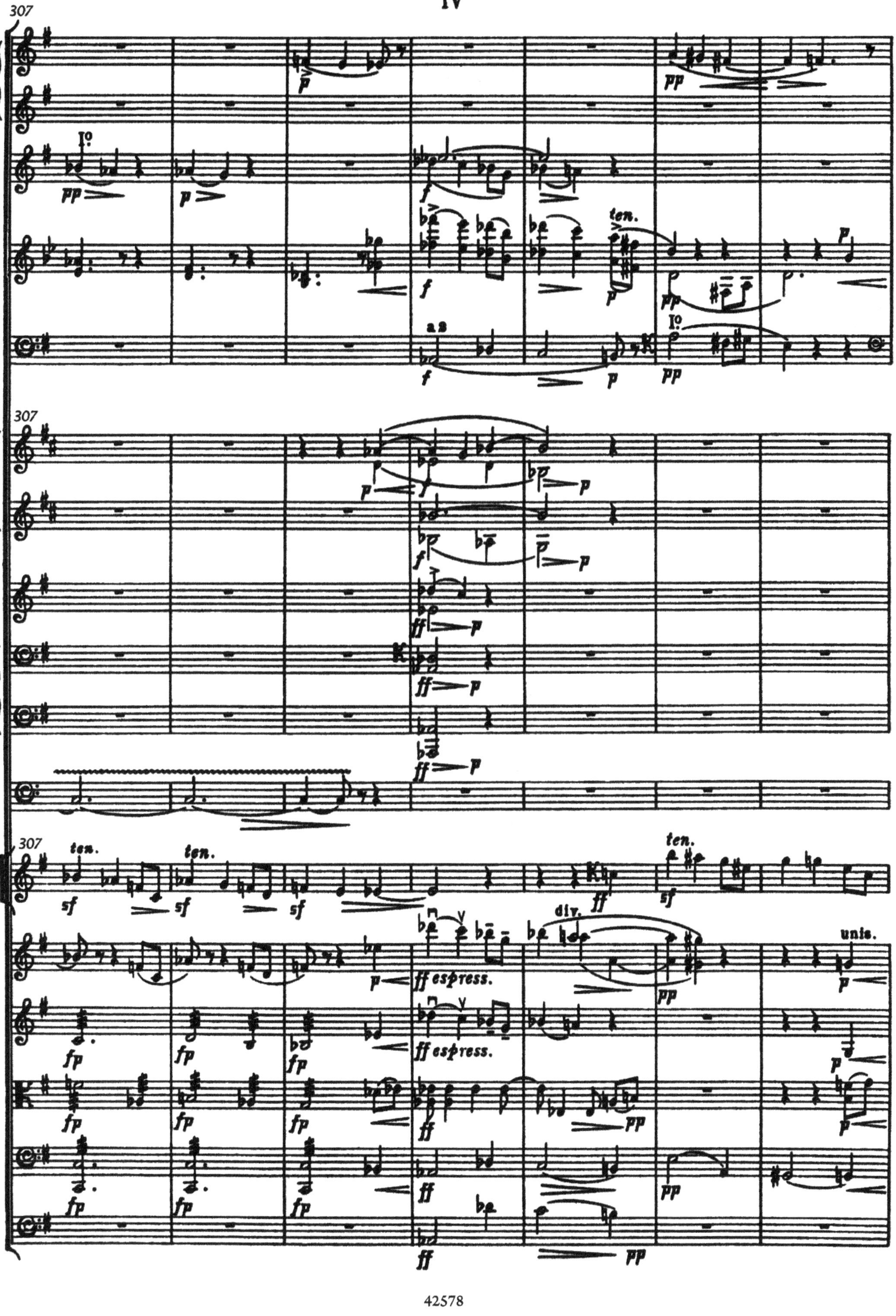
307
ten.
a 2
div.
unis.
ff espress.

IV

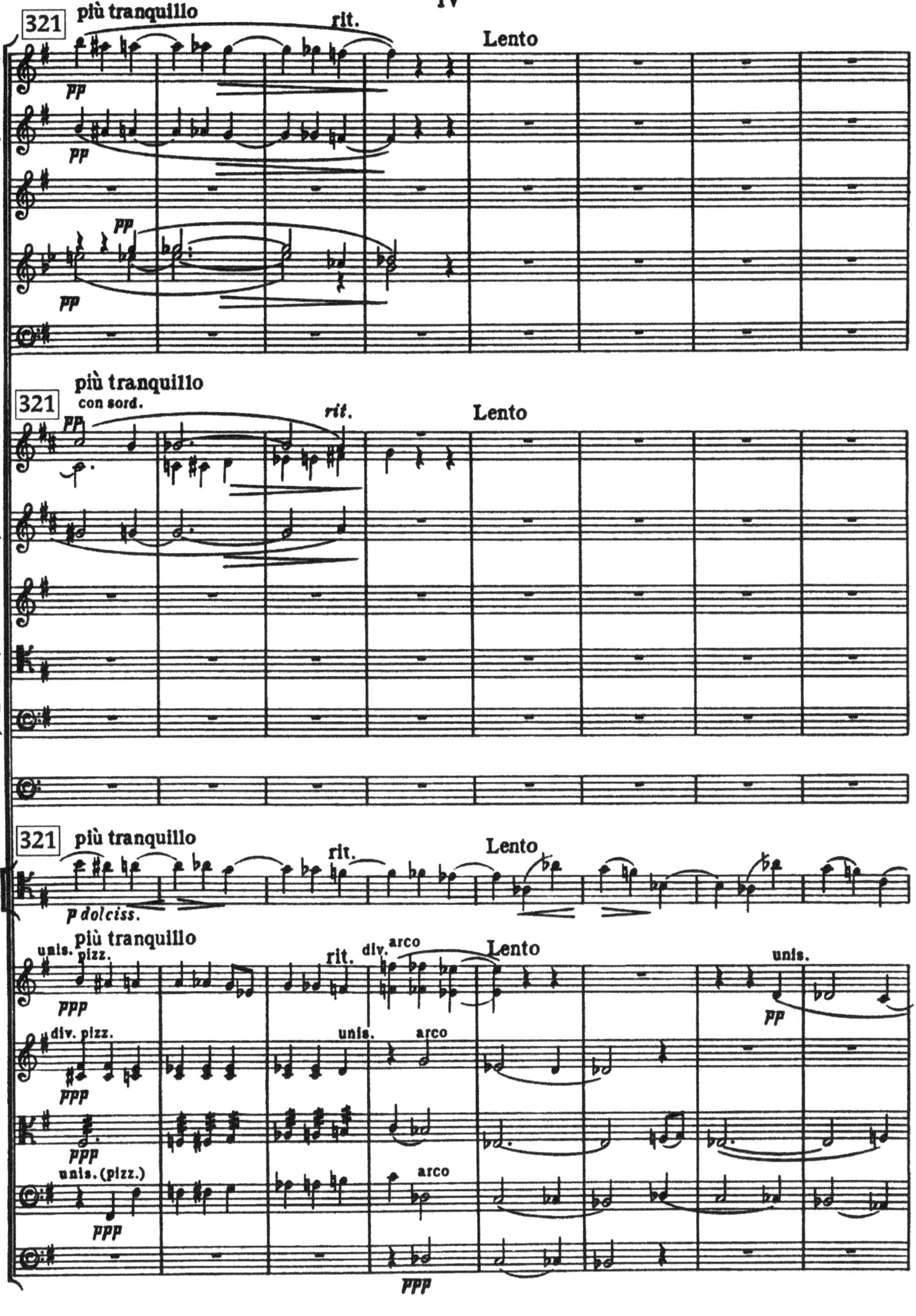
321
più tranquillo
rit.
Lento
pp
pp
pp
pp
321
più tranquillo
con sord.
pp
rit.
Lento
321
più tranquillo
rit.
Lento
p dolciss.
più tranquillo
unis. pizz.
ppp
rit.
div. arco
Lento
unis.
pp
div. pizz.
ppp
unis.
arco
ppp
unis. (pizz.)
ppp
arco
ppp

104

IV

www.ingramcontent.com/pod-product-compliance
Lightning Source LLC
Chambersburg PA
CBHW080521110426
42742CB00017B/3190